多賀一郎の荒れない教室の作り方

「5年生11月問題」を乗り越える

多賀一郎 著

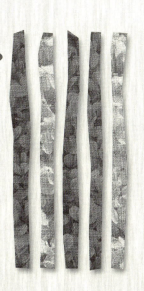

黎明書房

はじめに――五年生が十一月に「荒れ」始める

六年生ではなくて、なぜ五年生なのでしょうか。

「学級崩壊」の統計は全国レベルでは存在しません。理由ははっきりしています。何を指して「学級崩壊」とするかの基準が曖昧だからです。

しかし、現場の感覚では六年生の方が多いのではないかというような気がします。僕が現場を回っていて感じるのは、五年生と六年生が半々ぐらいですね、担任が休職するまで追い込まれたほどのものは。

しかし、六年生が荒れると、学校全体の状態が悪くなります。だから、よけいに目立ってしまいます。また、五年生で荒れた場合は、六年生でテコ入れすることも可能なので、六年生で荒れる場合よりも、学校のとらえとしては強くないのではないでしょうか。

文科省は学級崩壊について、「どこでもあるとは言えない」と言っていますが、僕はどこでもあるのが、今の学校現場の実態だととらえています。

もう一度言いますが、では、なぜ五年生についてこの本で特に取り上げるのでしょうか。

僕の友人たちとの会話で以前から言われ続けているのが、

「五年生の十一月は危ない。」

ということです。

だいたい教室の荒れがピークを迎えるのは、六月、十一月、二月だとも言われていますが、中でも十一月は一番荒れる可能性が高いものだと考えています。その理由は本文で述べていきます。

そして、もう一つ考えておきたいのは、五年生からなら、立て直すことができるということです。というか、立て直さないといけないということです。六年生が荒れたなら、「なんとか卒業まで……」という発想で学校としてはやっていきます。五年生は、そうはいきません。次年度には、その子たちが六年生になって、学校の中心になるのですから。五年生でなんとか立て直そう、その前提でこの本を書いています。

さて、「荒れ」とは何かを考えてみましょう。「学級崩壊」という言葉を使わずに、「荒れ」という言葉を使うのは、先ほどから書いているように「学級崩壊」という言葉の定義が曖昧であるからと、「荒れ」という言葉の方が広い範囲の子どもの状態を示すからです。

「荒れ」とは、子ども達を教師がコントロールできなくなること、話を聞いてもらえなくなること、子ども達が学校や学級の秩序やルールを無視し、好き勝手に生活していることなどがあげられます。先生の注意は通らないし、授業も落ち着いてできなくなり、ひどいときは無法地帯のようになってしまうことです。

この「荒れ」が、五年生の十一月に一つのピークを迎えやすいということです。

本書では、五年生で十一月に荒れが顕在化する理由とその予防法、対処法などを示しています。予防法や対処法は、五年生だけでなく、どの学年においても同じように考えることができると思います。もちろん、「荒れ」に対する絶対的な方法等というものは存在しませんが、どの学校、どんなクラスでも起こり得る「荒れ」ですから、これを参考にして自分なりの手立てを考えることはできると思います。

公立学校へもたくさん指導に行き、「荒れ」が厳しい現実であることを痛感しています。何か悩まれる先生方へのメッセージを届けられればと、本書をまとめました。

多賀一郎

目次

Ⅰ 「五年生十一月」の意味って何？

十一月は晩秋。
紅葉で一瞬鮮やかに感じるが
人の心もなんとなく、寂しさに引き寄せられていく。
そういう季節なのだ。

1　崩壊の数は六年生が多い？

「はじめに」でも述べたように、学級崩壊の実数を統計的にとらえた資料は、全国的には見当たりません。

自分では崩壊していないと思っていても、周りから見れば、

「あれは完全な崩壊だろう。教室はぐじゃぐじゃだよ。」

としか見えないことがあります。

また、実際には崩壊していないのに、いろいろな事情で担任が代わったり休職したりすることもありますから、担任が休んだから学級崩壊とも言えません。また、静かな学級崩壊と言われているものもあります。統計のとりようがないのですね。

それでも、六年生の学級崩壊の数は多いでしょう。

いくつかの市町村の統計（どうやって「学級崩壊」と認定したのか、よく分かりませんが……）を見てみると五六年生の崩壊数が他学年に比べて圧倒的に多く、若干六年生の数が五年生を上回っているようです。

五六年生が拮抗していることからも、大差はないが、少し六年生が多いかなという感じでしょうか。

2　六月、十一月、二月は、「荒れの三大山場」

荒れの三大山場と言われるのが、六月、十一月、二月です。

まずは、六月。

五月のゴールデンウィーク明けを「五月病」と呼んで、子どもだけではなく大人も、新しい環境に慣れないままに過ごしてきた緊張がゆるんだときの虚無感や倦怠感を示すときがあります。

四月から五月にかけて、担任の先生が子ども達との信頼関係が築けていないと、このぐらいの時期から、荒れ始めます。一学期で完全な信頼関係をつくるのは無理な話ですから、少なくとも指示が通る程度の縦糸（教師と子どもとのつながり）は形成されていなければなりません。

そのために、四月のスタートをロケットスタートと位置付けて、そこまでの縦糸を意識してできてきた先生と、そこまで考えていなかった先生との差が現れ始めます。子どもが言う事を聞かないので、先生はイライラして怒鳴り散らします。そうなったら、子ども達の心はどんどん先生から離れていくのです。何かをすればするほど逆効果のような気がして、ますます難しくなっていきます。

また、四月から子ども達を「ぴしっ」と締め付けることで抑えつけてきた先生のやり方にも耐えられなくなってきて、とうとう爆発してしまう場合もあります。この場合は、先生自身が必死で圧力をかけ過ぎて、自分が潰れてしまうようです。

十一月は本テーマなので、次項で詳しく説明します。

次は、二月について考えましょう。

これもいくつかのパターンがありますが、担任がハードルを上げて失敗するケースと、とうとう持ちこたえられなくなったケースに大きく分かれるでしょう。

前者は、もうすぐ学年が終わり、子ども達と離れることを意識しすぎたまじめで熱心な先生の場合です。ここまでうまくいっていたのに、急に先生がハードルをあげるわけです。

「このままでは、学年が上がってからが大変だ。今のうちに、もう少しレベルアップさせてあげないと……。」

と、考えてしまうのです。

そして、子ども達のこれまで八カ月かかってもできなかったことを、急に強く要求し始めるのです。

子どもにしたら、えらい迷惑ですよね。

それで、長い時間をかけて子ども達と培ってきた信頼関係が壊れてしまい、荒れが起こるというわけです。もっとも、この程度で潰れるのですから、元々大した関係ではないということです。三学期に子どもが急に成長することはありません。

三学期は現状維持に心がけ、これまでやってきたことを確実にするときです。

学習面では、この学年で身に付けるべき内容を振り返ります。

生活面では、子ども達中心にして、さまざまな活動を任せてみて様子を観察します。

急にハードルを上げても、これまで十カ月近くがんばってきてもできなかったことが、先生が力を入れ直しただけでできるようになるはずがありません。

そういうことをするから、子ども達とせっかく築いてきた関係をぶち壊してしまうのです。

後者は、ここまでの指導で先生だけががんばっていて、子ども達の自治的な能力や自ら学

ぼうとする姿勢が育てられなかった場合です。

学級経営や学習指導の優れた教師の教室では、先生ががんばらなくても、この時期から子ども達は自分たちでその目標に向かい始めます。自分が優秀だと自慢するわけではないのですが、僕は、いつも二月くらいからは、僕のがんばることが次第になくなってしまって、学級指導は楽なものになっていました。

三学期の子どもをイメージして、一年間かけて育てないといけないということなのです。三学期だけがんばると、失敗してしまうことがあります。それが二月の荒れなのですね。

3　十一月危機は、どの学年にもある

さて、いよいよ問題の十一月ですが、この「十一月危機」そのものは、五年生に限ったものではありません。僕がこの原稿を書いているときに、たまたま尼崎で年間指導助言に入っている公立小学校の研究担当の先生からメールの連絡が入ったのですが、

「毎年、十一月になると学級がしんどくなってしまう傾向があるので、学級経営や学年経営のような話をしてもらいたいです。以前セミナーでうかがった学習規律十か条や問題行動への対応の話をしてください。」

とのことでした。

それ以外にも、いろいろな学校の先生方との話の中で、十一月がしんどくなるということが出てきます。まさしく十一月は全ての学級での危機の時期なのだということです。

では、どうして十一月に危機が高まるのでしょうか。

それは、いくつもの原因があると考えています。五年生という枠ではなく、全ての学年共通として、まずは見ていきましょう。

◆二学期は長丁場だから

年間二学期制の学校も含めて、九月から十二月にかけての学期はもっとも長いものになります。一学期は三カ月、三学期に至っては二カ月しかありません。八月の終わりに二学期をスタートさせる学校も増えてきた昨今、二学期はまるまる四カ月もあるのです。

それだけあれば、かなりのことができるようになります。時間をかけてじっくりと子ども達と一緒に生活していけるわけですから。

逆に、先生による差がどんどん広がっていく恐れも大きいわけです。小さな穴がどんどん大きくなっていき、取り返しのつかない状態にまで至ってしまうことがあるのです。

そして、人間というものは、必ずだれてくるものです。子ども達だってそうです。長丁場をおくっていくときに、途中でだれてくるのです。「だれる」という言葉は、「気持がゆるむ。緊張がゆるんで締まりがなくなる」という意味です。先生も十一月頃にだれてきます。なんとなく力が入らない、気合いが入らないという状態になるのです。

それが、学級を崩し、荒れさせていく要因ともなっていくのです。

◆行事が多いから

春に実施する学校も増えてきましたが、まだまだ運動会は二学期序盤の大きな行事です。学校によっては、学習発表会や文化祭と呼ばれる行事を二学期の後半に持ってくるところもあります。秋の大遠足もありますね。そのほかにも地域のイベントと生活科や総合科をコラボさせた行事を持ってくるところもあります。

読書週間や交通安全週間なども多く、芸術の秋として音楽鑑賞会などを企画するところもあるでしょう。

こう見てくると、行事の圧倒的に多いのが二学期なのです。

行事が多いと、どうなるのでしょうか。

まず、日常とは違うことが多くなるので、ともかく落ち着かないものになりますね。子どもも先生も同じです。

さらに、行事のための準備・練習が入ってきます。

例えば運動会を例にとると、正規の体育の

時間だけではとうてい足りないので、毎日のように練習時間が入ります。四六時中ばたばたと移動しなければなりませんし、疲れも激しくなります。

先生の指導に熱が入ると、厳しさが前面に出てきて、叱責や大声をあげることが増えてきます。これらが、全て子ども達のストレスになっていきます。

忙しいものですから、普段の生活習慣は確実に乱れてきます。先生もその辺りがいい加減になりやすくなります。それでも、目標が具体的にあるので、運動会まではなんとかのりきっていけるものですね。問題は、その後です。

疲れがたまり、ストレスがたまった子ども達の生活習慣が崩れているのです。その状態にある子ども達に対して、運動会などが終わってほっとしたときに、

「さあ、今から生活を立て直すぞ。」

等といっても、なかなか動けないでしょう。

しかも、宿題をきちんとしない、少し授業に遅れてくる、授業への集中が弱い、掃除が適当になる等と、生活習慣がおかしくなっているのです。よけいにきちんとする方向へ向きにくくなります。

こうして、学級が荒れ始めるのです。運動会は特にそれが顕著に現れる行事だと思います。運動会の練習をしながらのふだんの生活をいかに「当たり前」にしていけるかが、荒れを防ぐポイントの一つだと思います。

◆十一月後半から寒くなるから

寒さと何の関係があるのかと思われるかも知れませんが、心と気温とは大いに関連があります。僕は「親塾」を主催していますが、そこで保護者の皆さんによく語ることがあります。

「子ども達の心を温めるために、まず、身体を温めてあげてください。温かいものを飲んだり食べたりしたときに、ほっとしませんか。身体が温まると、心まであったかくなるような感じがしますよね。」

と、温かくすることが大切だと語るのです。

気温が低くなると、当然、身体も冷たくなり始めます。十一月までは「涼しい」という程度だったのが、しだいに冷たく感じるようになってきます。そうなると、心もゆとりがなくなり、寒々しく感じるものなのです。

さらに、これまで夕方、家に帰るまではとても明るかったものが、薄暗くなってきます。日照時間が少なくなるのは、どうも子ども達の気持ちにも影響を与えているように、僕は感じています。

このような外的な要因によって、子ども達の心がゆったりとできなくなり、健全な姿の薄くなる子どもが増えてくるわけです。僕は、部屋を暖かくして、子ども達の身体が温まるということをしてから、大事な話をするように心がけていました。

◆先生を見切ってしまうから

悲しいことですが、子ども達は半年近くつきあってくると、担任の教師というものを見抜いてしまいます。

「この先生なら、このぐらいのことをしても、大丈夫。」

と、いわゆる教師をなめた子どもというものも増えてきます。学級の中で力を持った子ども達が、学級の足を引っぱるということが起きてくるのです。

それから、子ども達が先生に合わせていこうと協力していても、先生がそれに応えられなくて、

「もう無理だ。この先生とはやっていけないよ。」

という感じになってしまうこともあります。

もちろん、こういうことは、十一月に限ったことではありません。どの時期にも起こりうることではありますが、子ども達のリミットが十一月頃にピークを迎えるようなところがあるようです。

4　「五年生十一月」は隠れた合言葉

「五年生、そろそろ十一月だから、気を付けないと。」

という言葉は、何度聞いたか分かりません。

僕の前任校ではそういう言葉は聞いたことがありません。全て、公立の先生方から聞いた言葉です。

十一月から荒れ始めて、十二月まではなんとか持ったけれど、三学期からその先生が学校に行けなくなるなんてことは、しょっちゅうあります。

でも、実際は、十一月になってから気を付けたのでは、手遅れなのですね。そのことについては、さらに後ほど詳しく述べていきます。

年間指導に入る学校では、僕は講座や指導が終わった後、校長室で校長、教頭やいろいろな先生方と話をしますが、必ず、

「五年生十一月に気を付けてください。」

と言います。

もはや、隠れた合い言葉ではないかも知れませんね。

5　担任の構成が微妙な五年生

五年生の担任配当は、とても微妙です。学校では、ほとんどの場合、まずは六年生の担任配当から考えるでしょう。全国的に有名な先生たちの多くは、毎年のように六年生ばかりを担任しています。そのこと自体は賛成できません。六年生の担任を特別視している限り、スーパーティーチャーでないと務まらないことになってしまいます。ともかく、問題の起こりやすい学校では、ある意味仕方がありませんが、普通の平凡な教師が受け持つことのできる環境づくりや技術の開発が、いつまで経っても先に進まないのです。

いずれにしても、五年生の配当は、六年生の次以降に考えられることが多いということです。優秀なスタッフの多い学校なら、五六年の持ちあがりを繰り返すこともできるでしょうが、なかなかそうはいかないものです。

女性の若手教師にも高学年を一度経験させてあげようと管理職が考えたとしても、六年生に配当することはないでしょう。おそらく、五年生の担任になるでしょうね。

新任で五年生の担任だという例もたくさん知っていますが、六年生の担任が新任というのは、ほとんど聞いたことがありません。一方、五年生担任になった新任が学級を荒れさせてしまって大事に至ったという例も、いくつか聞いています。

もっとも、五年生で新任に担任させる場合、けっこう「わけあり」のケースが多いようです。強烈なモンスターペアラントがいるので誰も担任したがらないクラスに、新任を持ってきた学校がありました。このようなことをする学校では、あまり教育の期待はできませんね。新任にしんどいことを負わせようとするわけですから、そのような低レベルの教師集団には期待できないでしょう。そんなことをすれば、荒れて当然で、その新任の先生の教師人生だって壊してしまう可能性のあることですから。

このように見てくると、先生スタッフの構成上で、五年生の方が六年生よりもやや力が足りなくなる構図がそもそもあるということが、分かっていただけるのではありませんか。

多くの小学校現場では、五年生のような微妙な学年では、ベテランの中心となる教師がいないこともできてきます。

また、若手が職員構成の中心になってしまう学校では、若手だけで五年生のスタッフをつくることもまれではありません。もっとも、今の学校現場の多くは、半数近くが若手になり、ベテランが少なくなっていますから、やむを得ないこともあります。

つまり、五年生のスタッフは、六年生よりも、やや弱い布陣になることが多いということです。だから、荒れも起こりやすいということなのです。ベテランが早めに気づいてフォローするということができないわけですから。

Ⅱ　五年生はどういう時期か？

「五年生でもまだまだ幼い子たくさんいるよ。」

――小学校の教師は、そう思い込みたいのだ。

1　四年生との違い

四年生は中学年、五年生は高学年。明らかに違います。もちろん、全ての子ども達が五年生になったとたんに五年生のレベルになるということはありません。それはそうなのだけれども、それでも五年生からと四年生までの子ども達ははっきりと違うという認識を、まず持たなければなりません。

先日、若い先生達と話していたときに、五年生の子どもは違うよっていう話になったとき、

「多賀先生、五年生になったらみんなが大人みたいになるわけじゃないでしょ。」

と言うので、僕はこう言いました。

「考えが甘いよ。五年生にもなったら、女の子達はね、みんな大人みたいになってしまっているんだよ。」

「でも、幼い子っているじゃないですか。」

「確かにね。でも、それが女性に対する認識の甘さだよ。五年生にもなったら、どんなに幼く見える子どもでも、女の子はもう大人の考え方をしていると思ったほうがいい。僕は、そういう例を山ほど知っている。」

小学校の先生は子どもに対して、いつまでも童心を持った子どもであってほしいというような願

望を持っています。その願望を通して子どもを見てしまうところがあります。言わば、特殊な色眼鏡で子どもを見ているようなものです。そうではなくて、ゼロベースで子どもを見て子どもの声に真摯に耳を傾ければ、五年生にもなれば、子ども達はかなり大人の感覚になっていることがきっと分かると思います。

四年生と五年生の最も大きな違いはというと、女の子を中心に大人に近づいてくるということなのです。いわゆる「高学年女子」ですね。

大人に近づいてくるということはどういうことかというと、まず、本音と建て前を使い分けている大人の姿を見抜いてくるということです。

「人を差別するな。見下すな。」

と言っている教師がその言葉に反した差別的な

行動、例えば問題行動をとる子どもに対して見下したような態度をとれば、必ず見抜いてきます。それをごまかしてしまおうとすると、そんな教師のことは信用しなくなるのです。

「あの先生は信用できない。」

という言葉を、僕は何度聞いたか知れません。ただし、その言葉はいつも自分に降りかかってきて、いましめとして聞いていました。

そういう子ども達のことを僕は、

「怖いなあ、子どもって。」

と思うのであって、信用できないと言われている先生たちを責める気持ちにはなりませんでした。

（ただし、僕は子ども達から聞いたこういう情報を、決して他の先生には言いませんでしたが。）

2　六年生との違い

大人の感覚になってくる五年生ではありますが、六年生とはまた、大きく違っているものです。六年生は、学校の最高学年という自覚を要求され、大なり小なりそれに応えようとしてきます。入学式に一年生を迎える中心は六年生です。歓迎の言葉を何人かでつくれば、それだけで自覚は生まれます。

登校の不安な一年生の面倒を見ながら学校へ連れてくる学校も多いです。その途中で見送りに来た保護者の方に、

「ありがとうございます。」

と御礼を言われることもあるでしょう。大人から心のこもった御礼を言われれば、誇らしい気持ちになるでしょう。テンションがあがりますよね。

歓迎会や歓迎遠足などで、一年生と手をつないだり、一緒にお弁当を食べたりする学校もありますが、あどけない一年生のお世話をすることで、どんな子ども達の中にも、自覚が生まれます。

運動会、学習発表会などの準備は六年生が中心になります。ただ単に教師が命令して仕事をさせるのではなく、そうした一つひとつの活動を意識付けさせて、自ら動く喜びを感じさせるようにすれば、効果的です。

修学旅行では、仲間としての楽しさを感じることができます。修学旅行から、クラスのムードが高まることもあるものです。

校外学習を複数学年で行く学校もあります。そこではリーダーは六年生です。うまくローテーションしてリーダーシップを発揮させられれば、また自覚が上がります。

学校によっては、地域ごとの縦割り班を編成して六年生にリーダーとしての責任を持たせるところもあります。

掃除も、縦割りでしているところは、どんな六年生の子どももみんな、低学年に指示したり注意したりしなければなりません。

このように、十一月くらいまでは、立て続けに六年生の成長を促す機会がたくさんあります。それらを担任が活かせなければ学級が荒れ

ることもありますが、五年生にはこういう機会は少ないものですね。五年生にリーダーシップをとらせようとする学校はありません。五年生には、よく言って
「次は君たちがあの立場になるのだから、よく見ておきなさい。」
と、指導するでしょう。

問題の十一月になると、受験生の多い学校ではテストへのプレッシャーから学校で荒れた態度をとることもよくあります。附属や受験生の多い地域で六年生が荒れるのは、このパターンです。受験勉強のストレスを学校で発散しようとする子ども達がどんどん増えてきます。

それでも、年が明け、受験も終わると、卒業へ向けてのカウントダウンが始まります。「卒業」という独特のムードの中で、なんとか乗り切らせてしまうこともできます。

ただし、前項でも書いたように、六年生が荒れたときは学校全体がおかしくなっていくので、六年生にここまで述べたような機会をうまく活かしきる力のある先生が入るのは、当然のことだと思います。

3　男女の成長の違い

男子と女子は成長が違います。当たり前です。（これはあくまで、形状的な話です。）ご存じですか、骨格から違っていることを。僕は鍼灸師（正しくは、はり師と灸師）の資格を持っています。きちんと専門学校へ通い、国家試験を受けての資格です。当然、解剖学の基礎を学びました。

例えば、男と女は骨盤の形状が違います。簡単に言うと、角になっているのと弓のようになっているものとの違いです。それは思春期にホルモンの影響を受けて変わっていくのです。つまり、五年生ぐらいから身体のあちこちが根本的に変化していくということです。それも、男と女の違いとして変化していくのです。

男女の成長が違ってくるのは当たり前ですね。

そのことをしっかりと頭においていない教師は、男女に全て同じ指導の仕方をもちいようとします。それではうまくいくはずがありません。違うものだという前提で全ての指導を見直していかねばならないということです。

それが五年生くらいから顕著になってきていると思うべきですね。

4　ピア・プレッシャー（同調圧力）が強くなってくる

高学年でのピア・プレッシャー（同調圧力）については、いろいろなところで言われているので、今更説明することではないかも知れませんが、少し具体的な例で述べましょう。

五年生の女の子たちが、音楽の時間にたくさんそろって遅刻してきました。担任の先生が強く叱って、

「反省文を書いてきなさい。」

と言いました。

女の子たちは反発して、みんなそろって音楽の先生に対する文句や、担任への批判を書きました。そのとき、一人の女の子が書いてきたのは、

「どうしてみんな先生達の悪口を書こうって言うのか理解できない。本当は私たちが悪いのに……。私は早く音楽室に行こうとしたけれども、みんなから

『遅れていこうよ。』

と言われて、自分だけ先に行ったら後でなんて言われるか分からないから、仕方なくみんなと一緒に行った。悪いとは思うけれど……。このことは、みんなに言わないでください。」

ということでした。

これがまさしくピア・プレッシャーです。

自分はそんなことはしたくないと思っても、「みんなが言う」という圧力からは抜けられません。良心は痛みつつも、望まない不適切な言動をさせられてしまうのです。

このような状況にある子ども達に、

「君は自分の信じる道に従うべきだ。」

「他人の言葉に流されるな。」

「正しい事だけを考えなさい。」

等という大人（教師や親）たちの言葉は、空しく素通りするだけです。

高学年の子ども達が怖いのは大人ではなく、友達なのです。仲間から外されたら、生きてはいけないのです。

「先生はきれいごとばかり言う。」

「先生はそう言うけど、言えないのよ。」

そういう子ども達の心の声を聴くことが大切です。

この傾向は、四年生後半ぐらいから強くなってきます。五年生はまさしくどんぴしゃのピア・プレッシャーまっただ中という感じです。

ピアというのは、仲間のことです。仲間からのプレッシャーを仲間からのアドバイスや励ましに変えられたら、ピア・プレッシャーがピア・サポート（仲間の手助け）に変わると思います。そういう発想が大切だと思います。

ただし、それはとても難しいことではあります。その前に、子ども達の本音を理解してあげることが必要だと思います。

5　思春期に片足を突っ込んでくる

「五年生になったら、女子を中心に、みんな思春期に片足を突っ込んでくるんですよ。そのつもりで教育しないと痛い目に遭いますよ。」

僕がセミナー等で先生方に繰り返し言うのは、このことです。

思春期とは何かということについては、いろいろなことが言われていますが、基本的には、第二次性徴によって身体が子どもから大人に変化する中で、子どもが精神的に不安定になったり、激しくなったりする時期のことです。

子ども達は、自分ではどうにもならないようなもやもやした気分になりやすいです。だって、身体の中で勝手に成長が起こって、身体が変化していくのですから。心がむずがゆい感じになります。

このような子ども達には、理屈だけで正攻法に押していっても通じません。どんなに正しい言葉であっても、子ども達の頭の上を素通りしていくことがあるのです。しかも、とても爆発力が出てきますから、あまりに強圧的に抑え込もうとすると、その反動で不適切な態度に走っていく可能性も高いです。

だからといって、子ども達に気を遣ってばかりで子どもの言いなりになるというわけにもいきません。

言葉掛けの仕方、言葉を使うタイミングとその内容、そういうところを気を付けて、教師の考えを通さなければいけないのです。

たとえ子ども達を納得させられなかったとしても、仕方なく説得させられるくらいのことはできないと、学級は荒れていきます。

「先生がそう言うなら仕方ない。」

という人間関係の上で説得すること。

「不満はあるけど、そう言われたらこれ以上逆らえないなあ。」

と、論理的に子ども達を説得すること。

さらに、思春期はとても不安定で、ちょっとしたことで大きく傷ついたり、深く落ち込んだりすることがあります。子ども達の表情を日々観察して、その変化をしっかりとつかまないと、思春期の子ども達には対応できません。

6　言葉づかいの変化

学習指導要領解説国語編では、高学年の敬語の指導について、次のように記されています。

> 第５学年及び第６学年〔言語事項〕
>
> ア　日常よく使われる敬語の使い方に慣れること。
>
> 相手と自分の関係を意識させながら、尊敬語や謙譲語をはじめ、丁寧な言い方などについて指導する。敬語の役割や必要性が自覚されてくる時期であるので、相手や場面に応じて適切に敬語を使うことに慣れるよう、児童の日常の言語生活につながる指導方法を工夫することが大切である。

「敬語の役割や必要性が自覚されてくる時期」だというのは、本当です。敬語の役割を自覚するには、目上や目下の概念が分からなくてはなりません。五六年生頃から、目上、目下の概念は理解できるようになっていきます。

ところが、今どきの五年生くらいの子ども達は、ふだんの生活の中で敬語を耳にすることがとても少ないのです。そして、敬語を使わなければならない相手、例えば先生や自分の親に対して反発し始める時期なのですから、敬語を使いたいという意識が育たないのです。

四十年くらい前までは、敬語というものは巷の会話で当たり前のように使われていました。家庭内でも、同居の祖父母に敬語を使うことがありました。

今は、ともかく日常的に敬語というものがなくなってきています。

本来ならば敬語を意識して使うべきところが、反対に乱暴な言葉を使うようになる、というのが現状でしょうね。

（もっとも、僕自身が子ども達とは授業中以外はため口なんですが。）

一方、今の子ども達の言葉づかいはどんどん乱暴になっています。相手に対しての敬意というものが薄れているのかも知れません。

本来敬語などの言葉の使い方を考えなければならない時期に、それと反対の乱暴な言葉づかいをしてしまっているというのが現状です。

Ⅲ　四年生からのつながりがポイント

五年生で荒れるとき、絶対に四年生の先生にも責任がある。
ところがそう思わない教師が多い。
思わない人ほど、実は、悪影響が大きい。

1　四年時の教師からの圧力が強すぎる

堀裕嗣さんとの共著『学級づくりの深層』（黎明書房）で次のように書きました。次年度に荒れるということがよくあるという話です。

「次年度に荒れる、担任が代わったらきっと荒れるだろうと予想できるクラスがある。パターンがあるのだ。前年度に強圧的にクラスを支配する担任が存在していた。教師が君臨していたと言った方が良いだろう。そういうパターンである。」

四年生のときにパワーで圧力をかける先生がいます。恫喝や厳しい懲戒等は、体力のある先生に多いことです。そのときはなんとかなるかも知れません。だって、子ども達はまだいろいろな意味で五年生ほどの力がないですから、先生に黙って従うしかないのです。

それを良いことにして、子ども達を厳しく締め付けてコントロールし、立派な指導ができていると、先生は悦にいっています。こういう圧力に抑えつけられて一年間を過ごした子ども達が、次年度にそれから解放されるように問題行動を起こすこともあります。

抑えつけすぎたら、どこかで爆発するのは自然の摂理です。五年生の先生は、そのことを頭に置いておかなければなりません。つまり、前年度の担任がどのような圧力を子ども達にかけてきたのかということです。

特に、子ども一人ひとりの体験してきたことをしっかりと読み取ることが必要なのです。言い方を変えると、前年度までに先生たちにどんな目にあわされてきたのかを知るということです。

三年時にいわゆる荒れた子ども達を四年時に担任したことがあります。彼らの心はすさんでいました。叱られてばかりだったからです。もちろん、虫眼鏡を渡すと蟻の黒焼きをして遊んだり、倉庫の上から拳大の石を投げつけたりと、叱られる原因が彼らにあったことは間違いがありません。先生たちは彼らを矯正しようと力を入れてきたのですが、心は全く伝わっていなかったのです。

「どうせ俺のことなんか……。」

「私らの話なんて聞いてもらえない。」

「どうせ信じないんでしょ。」

「先生には子どもを調教する権利があるから、従うしかない。」

こんな言葉を発する子ども達でした。

先ほど述べたような圧力先生は、ときには特定の子どもをターゲットにして徹底的に恫喝を繰り返すことがあります。

「根性を俺がたたき直してやる。」

という感覚です。
そこには指導はあっても「愛」がなかったのです。

五年生になって荒れ始めた子どもの中に、「徹底的にやられた」子どもがいます。僕はたくさんそういう子ども達を見てきました。

当然、先生不信、大人不信が根底にできてしまっています。そのような子ども達に前の担任と同じような「厳しさ」で接して、心が解けるでしょうか。よけいに反発を招くことの方が多いでしょう。北風に吹きさらされた子どもには、暖かい太陽の日差しが必要だということです。五年生のはじめから、一人ひとりをそういうまなざしで見つめて考えていけば、十一月頃に芽を吹いて、子どもの態度にもつながっていきます。

それができなければ、その逆の問題行動につながっていくことでしょう。

2 「四年のときはちゃんとさせていた」の真実

前項で述べたような圧力教師は、五年生で子どもが荒れたら、必ず
「四年生のときはちゃんとさせていたのに……。」
と言います。
次年度の担任が甘すぎるのだという意味の言葉です。

では、そういう先生が本当にちゃんとさせていたのかというと、決してそうではありません。だいたい、「ちゃんとする」とは、どういうことを言うのでしょうか？

子どもが、先生の意図を汲んで、言う通りにすることでしょうか？

先生の顔色をうかがって、叱られないように行動することでしょうか？

全部のことを先生にお伺いして確認して、きちんとすることでしょうか？

そういうことは、低学年ならともかく、四年生の成長にとってはマイナスでしかありません。

四年生くらいでは、まだまだチャレンジ精神がたくさんあるので、小さな失敗をいくつもさせて、自分で責任をとることを考えさせるべきなのです。

子どもが自主的に考えて行動し、責任も自分でとろうとすることが必要なのです。先生はそれを傍にいてアドバイスするだけで良いのです。

先生に言われたからちゃんとできるというのは、決して自ら生活を律しようとする姿勢ではありません。四年生のときに、本当の意味でちゃんとしようとする姿勢を持たせることができれば、五年生に次のステップアップが望めます。

四年生を高学年への入り口と位置づけて子ども達を育てていくことで、五年生につながっていくのです。

「四年生のときはちゃんとしていた」では、いけないということです。五年生になっても、その子たちがちゃんとしていたら、本当の意味で育っていると言えるでしょう。

3　ギャングエイジがなくなってきた

中学年はギャングエイジと言われてきました。徒党を組んでワルさを重ねる。と言っても、このワルさとは、いたずら程度の話で、いじめなどの深刻なことは本来、指さないのですが。ちびっこギャングたちがたくさんになるということですね。

子どもの発達段階において、必要なことです。ギャングしながら、仲間との距離感等、いろいろなことを学んでいくのです。

ところが最近、そのギャングエイジがなくなってきたように感じています。子ども達がギャングになる機会がとても減ったように思えるのです。

子ども達が放課後に集まって悪巧みをしていることなど、ほとんど見かけなくなりました。放課後の時間が塾やスポーツ、ピアノなどのお稽古事にとられて、自由に遊びまわる時間が無くなっているのです。ギャングになるなど、とてもできない状況です。

ギャングになれないということは、仲間との付き合い方が学べないということでもあります。したがって、四年時にギャングを演出してあげるべきですね。

その手立ての一つが協同学習だと思います。グループごとに分かれてフラットに考え合うことで、そのあり方を学ぶことができるのです。

でも、それは学習の中での話です。本物のギャングは、学習の中では育ちません。だから、ギャングになって遊べるような時間を設定してあげるのです。校外でできないことは、校内でさせれば良いということです。

そういう四年生を過ごしてきた五年生は、発達的にはノーマルな状態に近くなるでしょう。

簡単に言うと、四年生の間にたくさん遊ぶ時間を確保しておきましょうということなのです。

たくさん遊んで、仲間と一緒にワルさをして、いき過ぎたら先生に叱られてしょぼんとする。それも一瞬ですぐに立ち直ってまた、仲間とギャングになる。そういう時間を過ごした子ども達というのは、生き生きとして、かつ、いろいろなものを心に溜めないでしょう。

4　ものの見方を鍛える

中学年の子どもは、他人の悪口ばかり言うようなところがあります。担任をしていたら、

「人の事ばっかり言うな！　自分はどうなんだ！」

と、言いたくなるときがあります。

しかし、そういう年頃なのだから、仕方ないのです。他人のことしか目に入らない、つまり、外しか見えないわけです。

そうであるとすれば、五年生までの間に、その外ばかり気になる性質の「外を見る」ところをしっかりとさせれば良いのです。他人の言動をしっかりととらえる癖をつけるということです。

どういうことかというと、他人の悪口を言うなら言うで、きちんとした批判としてさせましょうということです。僕は反省文を書かせることはめったにしませんでしたが、ケンカなどのトラブルがあったときに、何がどうだったのかと詳しく説明させる文章を書かせました。

例えば、ケンカがあったときに、どんな状況だったのかを詳しく子どもに書かせます。休み時間もとられて書かされるので、子どもにとっては大変です。

しかも、ダメだしが多くて、

「もう少し詳しく説明してくれないかなあ。」

「君の説明では、何人の人がいたのかもわからない。書き直し。」

「誰がいつ何を言ったのか。全員のことを思い出して書いてよ。」

そう突っ込まれては書き直しの連続で、しだいに文章が詳しくなっていきます。だんだんと客観的な事実を思い起こして書くようになっていきます。


そのようにして、他人をしっかりと見る技術（具体的に何がどうなのかということを考える力とものの見方）を身に付けた子どもが、その厳しい目で、五年生くらいから自分を見つめるようになっていくのです。

そのとき初めて、本当の意味で反省したり自己を見つめ直したりできるのだと思います。

Ⅳ　教師の力量と「荒れ」の関係

学級が荒れる主な責任者は担任の教師だ。
そういう学年にその教師を配置した管理職の責任大だ。

1　学級はなぜ荒れるのか

学級はなぜ荒れるのでしょうか？

はっきり言って、教師の力量不足が八割くらいでしょうね。

でも、この力量というのは、若い先生だけのことではなく、ベテランも含めて、全ての先生が考えておくことです。今まで言われてきた「びしっとさせる」「甘いのはダメだ」というような力で子ども達を抑えつけるだけというような力量ではなく、今どきの子ども達に合った指導のできる力量のことです。

今までの教師の力とは全く違うことを考えていかないと、ベテランの教師が学級を崩壊させて、休職から退職に至ってしまうということが起こっています。

多くの場合、いわゆる子どもとの関係づくりの失敗が大きいのです。

「縦糸」（教師と子どもとのつながり）と呼ばれるものができないのです。なぜできないかというと、一つは、子どもに対する武器を持っていないからです。

子ども達を惹きつけるもの、子ども達が尊敬できるもの、なんでも良いからそういうものがあると、子どもは教師を一目置いて見ます。

サッカーがとても上手でも良いし、走るのが速いでも良いし、絵を描くのが得意なのもありです。もっと子ども達が「一目置く」のは、やはり、学習において博学であるとか、さまざまなアイデアを出してくるとか、自分たちよりも明らかに上だと認識させられるものがあることが、一番強いでしょう。

そういうものが一切なしで子ども達の前に立って、ああしろこうしろと命令を繰り返していても、子ども達にはひびいていきません。

次に、子どもとのコミュニケーションがとれないからです。

コミュニケーションというものは、授業中にもあるし、日常のありとあらゆる機会にも存在します。

この日常的に行われているコミュニケーションのときに、きちんと子ども達と言葉を交わしていっているでしょうか。

それができないと、本来、子どものために行っている全ての事が「先生が勝手にやっていること」になってしまうのです。

2　こういうときに荒れが起こる

荒れが起こるときとは、どんなときなのでしょうか。今から七つのパターンを示します。これらは、一つでもダメだと荒れるとかいう単純なことではありません。また、いくつかのパターンが複合的に重なり合うと、さらに荒れる可能性は高くなります。

⑴　トラブルで納得させられない
⑵　教師に笑顔がない
⑶　ガス抜きができない
⑷　授業が分かりにくい（おもしろくない）
⑸　子どもを思うようにコントロールしようとする
⑹　子どもとのコミュニケーションが成立しない
⑺　子ども個々とのパイプがない

この七つです。これらは全て教師主体での考え方ですが、⑷だけは、子どもの側からの視点だと言えます。

(1)　トラブルで納得させられない

まずは、子ども同士のケンカ等のトラブルへの対応です。ふだんどれほど楽しく仲良くしていようとも、ケンカや小競り合いのようなトラブルなんてしょっちゅう起こるのが教室です。

このときに、子どもを納得させられないと、信用を失います。子ども達の前でどれほど立派な訓辞を垂れていても、そのトラブルの対応一つで教育が決まってしまうのです。

僕自身が痛い目に遭った経験がありますが、ケンカの始末をきちっとつけられなかったら、教師に対する信頼がなくなり、荒れる芽をつくることになるでしょう。

まずは、トラブルがあったときに、子どもの思いをよく聞かねばなりません。

それができないで、一部の子どもの声だけを取り上げて、子どもを叱ることをしてしまうと、不公平になります。

それでは、学級に不満が残るのは当たり前ですよね。

複数の子ども達から話を聞くことで、事実を正確に把握することができます。子ども達から話の聞けない教師は、それができないために、事実を正しくとらえられないのです。

僕は話を聞くときは、必ず一人ずつ詳しく訊ねていって、それをA3くらいの大きな紙に描きこんでいきました。順番に全員から一人で話す時間をとり、一通り聞き終えたところで、

「付け足すことは？」
と尋ねて、記録を完成させました。全員がその通りであっているか確認して、事実の把握としていました。

この方法だと、その後で保護者から、
「なんでうちの子が叱られたのですか？」
というご質問（クレーム？）がきたときに、相手に説明しやすく、説得することもできます。

最近の保護者は、子どもの一方的な話を鵜呑みにして、学校へ文句を言って来られる方も多いので、冷静に話をするためにも記録をとっておくことは大切だと思います。

ただし、いじめや暴力等の複雑な問題に関しては、複数の教師で当たることが基本で、

トラブルは，視覚化すること

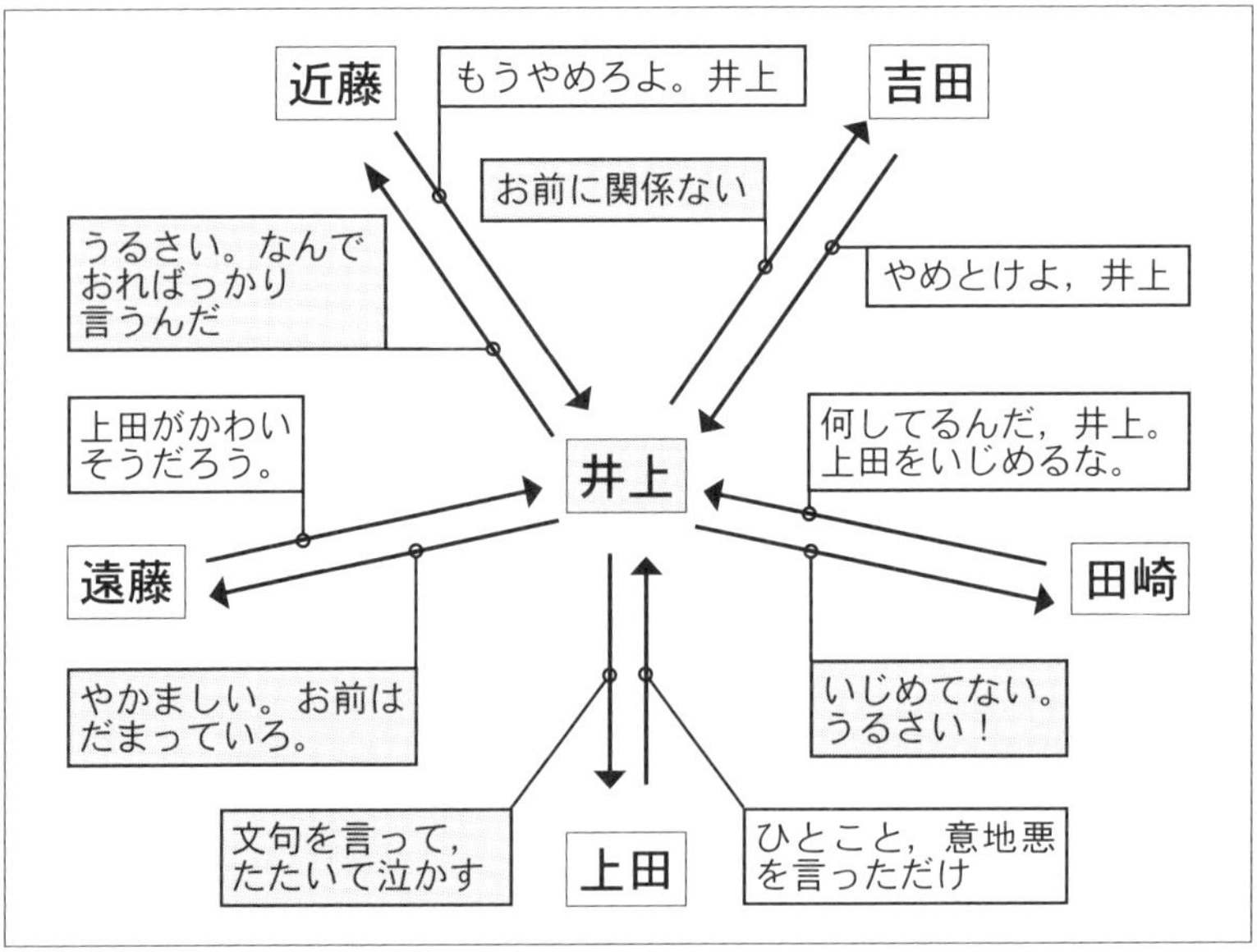

一人で当たらないことです。管理職も含めて、学校としての対応をしなければなりません。これはあくまでちょっとした小競り合いのようなケンカや言い合いの場合だけのことです。

「ちょっとした」と書きましたが、そのちょっとしたことをどう扱うかの繰り返しが学級づくりです。学級というものは、小さなことの積み重ねが大きな結果を招くのだと考えています。

(2) 教師に笑顔がない

荒れたクラスでにこにこしているなんてことは、まともな神経ではできません。誰でもそんなわけにはいきません。

崩壊したクラスの先生の顔は、いつもひきつっています。

ただ、こういう教師は、元々子どもと一緒に笑いあう機会が少ないですね。

一緒に笑うって、とても大事なことなんですよ。一緒に笑うと、お互いに安心感が生まれやすいのです。なのに、それができない。

次に、子どもへの笑顔（ほほえみ）が少なくて、いつも、厳しく吊り上がった目で、子どもを見ている教師。

つまり、いつも怒った表情しかしていないのですね。ちゃんとさせなければならないと思うからでしょうか。子どもにとっては、息苦しい相手ですよね。

荒れるクラスにしていく教師には、間違いなく笑顔が足りません。

「口角をあげて教室へ向かいなさい。」

と、僕は若手に言います。心の調子が悪くても、体調が良くなくても、鏡を見て無理やりにでも笑顔をつくるべきなのです。教師は、プロフェッショナルなのですから。

子ども達の荒れ始めるのが先か、教師の笑顔のなくなるのが先かは、卵が先かニワトリが先かの議論と同じで、微妙なところです。そんなことをどっちだと考えることに意味はないでしょうね。

いずれにしても、お互いに影響し合っていくようなことだと考えています。

何度も繰り返しますが、教師はプロフェッショナルです。笑顔もプロの技術の一つなのです。

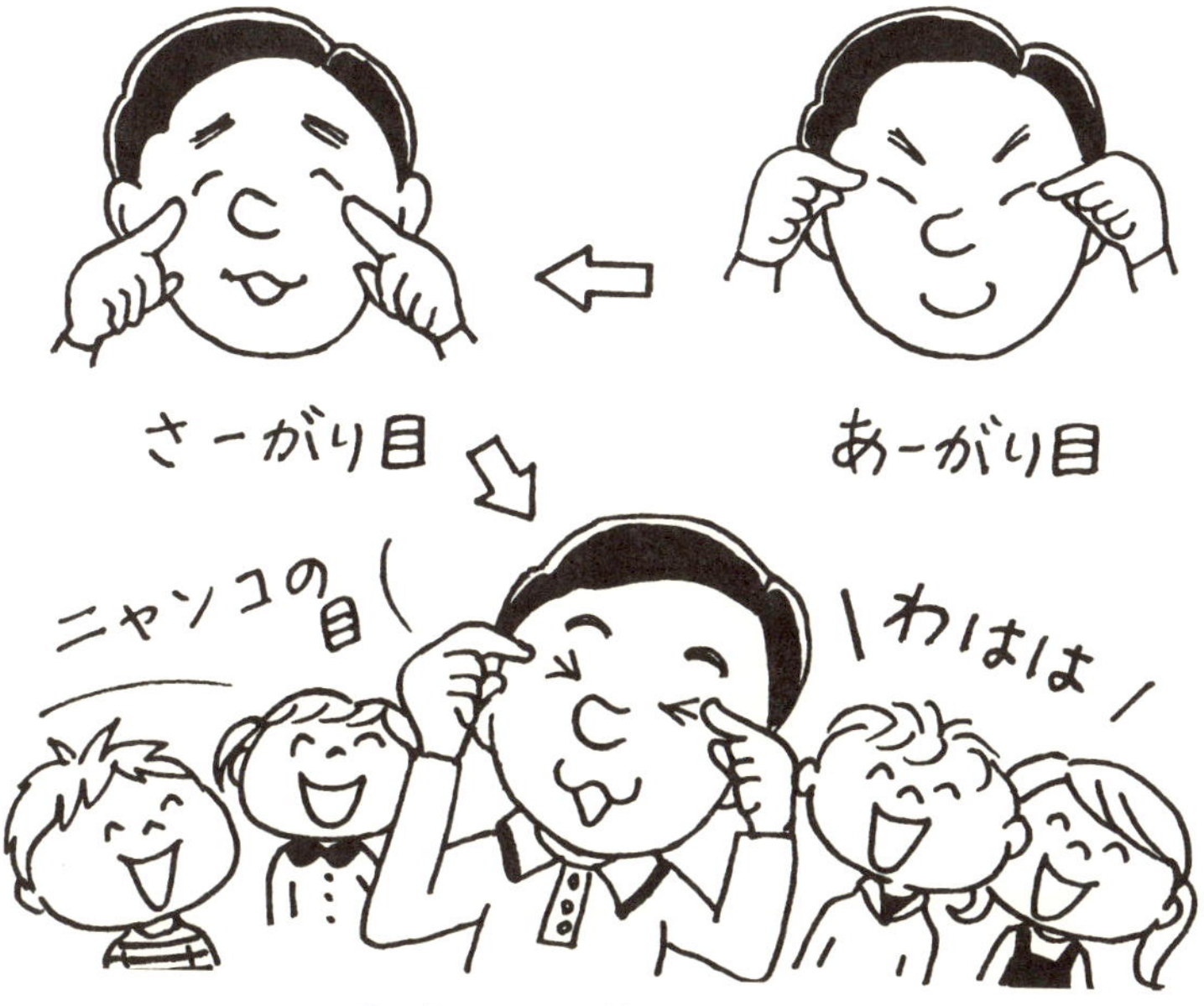

「こうやっても笑顔はできる」

(3) ガス抜きができない

よく見かけるパターンです。中堅以上の教師で、荒れをつくる典型的なパターンだと言っても良いでしょう。

先生が子ども達をぎゅうぎゅうに締め付けて、なんとか学級を維持させていく場合です。ちょっとしたことで、すぐに大声でどなりつけます。子ども達は先生に怒鳴られる（叱られるのではなくて……）のが嫌で、いつも先生の顔色を見ています。

常に教室に変な緊張感が漂っていて、ぴりぴりしています。

子どもは最初のうちはなんとかがんばってやっていきますが、緊張を長期間続けることには、限界があります。教師だって、常に目を光らせて子ども達をコントロールするのは大変です。

いつか、タイムリミットがきて、何かの出来事をきっかけにして崩壊します。

僕の友人が、五年生を担任したとき、夏に出逢ったら、

「同じ学年の二つのクラスは、先生がぎゅうぎゅうに子どもを締め付けていて、ぴりぴりしているんだ。これは、持たないなと思っていたら、案の定、六月に二つとも崩壊して、先生が休んでしまった。」

と言っていました。

締め付けるだけではなくて、どこかで何らかの形でガス抜きをしないと、学級はしんどくなります。

子どもも教師もいっぱいいっぱいが続いていると、何かをきっかけにして崩れます。

そのきっかけとは、

＊体罰をしてしまって問題になり、子どもが「この先生はもう何もできない」と見切ったとき。

＊夏休みまではなんとか持っていたが、夏の間に自由を堪能して二学期に入って再びあの強圧的なところへもどるのができなくなるとき。

＊教師のトラブルへの対応に多くの子どもが不満を持っていて、五年生にもなるとさすがに言いだしたとき。

いずれにしても、強圧的な手段しか持たない教師は、ここでアウトですね。

(4) 授業が分かりにくい（おもしろくない）

小学校の授業時間は年間約千時間。

千時間もずっとおもしろくない分からない授業をされて、耐えられますか？

無理ですよね。学校で子ども達の過ごしている時間は、圧倒的に授業時間です。その時間が楽しければ、学校は楽しくなるでしょう。

とても分かりやすい授業をするのに、学級が崩壊してしまったという話を聞いたことがありません。

分かる授業は、どの子どもにとってても楽しくて、授業時間が嫌じゃなくなってくるのです。それに対して、当たり前の事ですが、分からない授業は退屈です。五年生ぐらいの子ども達だと、「時間のムダ」等と言う子どももいます。

そういう授業をしている教師に対して否定的になるのは当然ですよね。授業の全てをおもしろくすることは、小学校では無理です。でも、一教科でも、一日に一つでも、おもしろいなと感じさせられたら、荒れる確率も少し抑えられるでしょう。

⑸　子どもを思うようにコントロールしようとする

子どもは人格を持った人間です。アニマルでも、ペットでもありません。ですから、厳しさで調教することは、実はできないのです。

それなのに、子ども達に恐怖感を与え、プレッシャーをかけて、子どもをコントロールしていくやり方をする教師がいます。

それが通用するためには、背後に「最後は、しばくぞ」という体罰の恐怖感を子どもに感じさせないと、成功しないのです。

僕が教師になったころは、そういう世の中でした。今は、暴力を背景にすることはできません。大阪の高校での体罰自殺事件では、教師が逮捕され、犯罪者になってしまいました。

体罰をしたら、犯罪者になることがあるということです。

子ども達だって、高学年くらいになるとそんなことは充分に分かっています。先生を挑発する子どもだって、五年生くらいからは出てきます。

だから、別の手立てがなければ、通用しなくなるのですね。

(6) 子どもとのコミュニケーションが成立しない

コミュニケーションというのは、一対一の対話のことだけではありません。一対多のコミュニケーションもあります。それが、授業での教師と子ども達とのやりとりです。

各地の学校で若手の授業を観ていると、ときどき、子ども達とのコミュニケーションが全く成立していない状態を見かけます。

先生が一人でしゃべり続けているのです。

子どもとのやりとりがほとんどなく、一問一答どころか、一問自答、つまり、自分でたずねて、自分で答えを言ってしまうような授業をするのです。なんのコミュニケーションもそこには存在していません。

コミュニケーションのある授業とは、子ども達の反応に応じて、

「今のは、どこか分かりにくかったかな？」

とか、

「なんだかみんな困ったような顔をしているね。」

とか、問い直す授業です。

また、一人の子どもの発言に対して、

「みんな、A君の言ったことを、どう考えるかな？」

とクラス全体に返す授業のことです。

ところが、そういうことは一切せずに、自分勝手なペースで授業を進めている教師がいます。そういうクラスでは、子ども達は授業が進むにつれてどんどん学習から離れていきます。挙句の果てに、子ども達は教師からも距離をとるようになっていくのです。

こういうクラスでは、教師に子どもがついていかないから、子どもと教師の間の縦糸はできません。そして、子ども同士で考え合うことも少ないので、子ども達同士の横糸もできにくいでしょう。静かな「荒れ」につながりやすいケースだと思います。

⑺　子ども個々とのパイプがない

子どもとは、個々につながっていくパイプが必要です。

パイプとは、次のようなものを言います。

◆一緒に遊ぶ

子どもと一緒の時間はたくさんつくりたいものです。一緒に遊んでいると、子ども達は素顔を見せてきます。職員室で業間に宿題の丸付けをしているような教師には、子ども達の本当の姿は分かりません。

しかも、子ども達と一緒に遊んでいると、どこか仲間意識が芽生えて、いざというときに話を聞いてくれるということもあるのです。

最近はお山の大将的なリーダーシップをとる子どもが少なくなりましたが、教師は遊んでいるときに非常に有能で公正なお山の大将になれます。

◆趣味を共有できる

いろいろな子どもがいます。そのそれぞれに対してチャンネルを合わせるのは大人である教師の方です。

子どもと趣味を共有できたら、その子とつながることができます。

昔、どうしても問題行動が止まらない子どもがいました。五年生になっても、大声で泣きわめき、何時間でもそうしているような子どもでした。先生たちもお手上げ状態だったのですが、ある先生だけがその子の独特の趣味を共有できたのです。それによって、その子の心が開かれて、問題行動がかなり軽減されるようになりました。

「この先生の言うことなら、聞く。」

という存在ができたのですね。何の趣味だと思いますか？　アニメーションだったのです。

◆日記でつながる

日記や振り返りジャーナルは、子ども達と個別につながる有効な手立てです。学級崩壊状態の五年生の担任が、個々の子ども達との日記のやりとりだけはしていたら、何人かの子ども達が、

「わたしは今のままではいやなんです。」

という声を聞かせてくれました。

それで、その子たちのために最後まで続けることができました。教育は、結局は一人ひとりとの関係の上に成り立ちます。日記は、関係づくりの手立ての一つです。

◆世間話ができる

世間話を子どもとできることは、けっこう大切なことなのです。教室にぎすぎすした感じが薄くなります。何人かの子どもと世間話のできる関係をつくることは、子どもとのパイプの一つなのです。

子どもは一人ひとり、みんな違っています。一つのパイプだけで全ての子どもとつながることはできません。

たとえば、日記だけがつながりだとしたら、文章がなかなか書けない子どもや、日記では本音は語れない子どもなどとは、つながることができません。

学級の教育は、究極的には、個に対して行われなければならないと、僕は考えています。

ただし、個々と関係さえできたら、崩壊することはないかというと、そうだとも限らないですね。

でも、大きな抑止力にはなるし、荒れてもそれなりの教育ができることにもなり、休職せずに最後までやり通すことができるのです。

V　教師と五年生との関係を考える

思春期に入ったら、
子どもだって自分でどうしようもなくなる。
でも、思春期はいつか終わる。
ダメージが少なければ良いんだ。

1　思春期との付き合い方

教師や親が子どもに何か注意するのは、気になることがあるときに決まっています。子どもは思春期になると教師のような大人と深く話したくなくなり、友達の方へ行きます。

五年生の子ども達が先生の話をまともに聞こうとしないという姿を見かけますが、ある意味、自然な姿でもあるのです。（それが良いと言っているわけではありません。）

いつもどこか子どもを否定したり攻撃したりするような口調になってはいないでしょうか。これを改めない限り、子どもにメッセージは伝わりません。

まずは、情報の冷静な整理が必要です。

テストが悪かった、というのは、情報の整理とは言えません。

「今回のテストは、国語の漢字ができていなかったけど、読み取りはよくできている。課題は漢字かな。」

と言えばどうでしょうか。その後の判断は子ども自身に任せるのです。大切なのは、すこし前向きの方向を出すということです。

ところが、親や教師は、どうしても「早くしないと……」「勉強しないと……」「本気でやらないと……」という言葉を発します。これは、大人が子どもに対して不安になっているのです。そして、なんとかして子どもに「このままではいけない」という危機感を持ってもらおうとします。

でも、それで、思春期に入った五年生が動けるでしょうか。よく考えてみてください。人はポジティブな言葉でこそ、動きやすいものなのです。

また、思春期の子ども達には、長々とした説教や手紙は、受け入れられません。

僕が高校生のとき、母が僕に分厚い手紙をくれました。もらった段階で、僕には中身はほぼ想像がつきました。おそらくは、「あなたの最近の生活を見ていてなんたらかんたら……。」と書いてあったにちがいありません。そして、その手紙は、読まずにゴミ箱にたたきこみました。受け入れる心がないときには、そういうものは通用しないということです。

過去を取り上げてレッテルとしないことも大切です。

思春期であろうがなかろうが、子どもに過去のレッテルでものを言ってはいけません。「君は、前からそうだ」とか「あなたは、いつもこうだ」などというレッテルを貼ることに教育的な意味は、全くありません。

それから、フォローが大事です。

思春期だからといって、ダメなことはダメと、はっきり言うべきです。これを躊躇したら、子どもは育ちません。叱るべきときは、きちっと叱れば良いのです。だけど、その後のフォローを、必ず考えておいてください。

フォローなしで叱りっぱなしにするのは、大人として、どうかなと思いますね。叱ったら、最後まで面倒みましょう。ただし、教師がたまにする失敗ですが、叱ってから後悔して、「言いすぎたかも知れないね。」なんて、子どもに取り入ろうとする。それは大失敗。ぶれてはいかんのです。叱ったら、毅然とするべきで、フォローをすれば良いんです。

では、フォローとは、どういうことでしょうか。

叱られて落ち込んだら、気分転換させれば良いんです。何か別のことで気分を変えさせる。大人だからこそ、それをしないといけません。

それから、叱られると気持ちがぎゅっと縮むので、それをほぐしてあげないといけません。そのために良いのは、体を動かすことです。教室では、リラクゼーションの体操をすれば良いのです。

2　男女に分けた対応を

思春期というのは、男女の性差が現れてくる時期なのですから、当然、教室にはその二種類の子ども達がいると考えるべきです。五年生の場合、女の子はほとんど思春期に入ってきていると考えるべきですから、それに応じた対応の仕方というものを考えなければなりません。特に女子に対するやり方を低中学年とは違ったものにするということです。

若手教師と話していたとき、僕は問題行動をとった子どもに怒鳴るのではなくて、しつこく厳しく追及するということを言いました。そのときその先生は、

「多賀先生は、高学年の女の子にもそのやり方をなさいますか？」

と聞いてきました。僕はすかさず、

「いいや、絶対にしない。」

と、答えました。

高学年女子の対応は難しいとよく言われますが、その失敗の多くは、これまで低中学年で子ども達にしていたことと同じことをしてしまうのが原因です。

子どもじゃなくなっているのです、五年生女子はもうすでに。

どうも、そのことに気づいていない先生が多すぎます。気づいていないというよりも、小学校の教師には「子どもには子どもらしくあってほしい」という願いが強すぎるように思います。そういう願望をこめて子どもを見るから、子どもが成長し大人に近づいていることを受け入れられないのかも知れません。

五年生になったら、教室には女性たちが座っているのだという認識を持てと、若手には指導しています。そう考えると、いろいろな取り組み方が変わってきます。

例えば、女の子を叱らなければならないとき、教室で大勢の前で叱ることはとても危険なことです。好きな男の子が教室にいたら、先生の正しい言葉など耳に入るはずがありません。さらに、好きな人の前で恥をかかされたということで、先生を恨むこともあるでしょう。こういうことを書くと、考えすぎだと言われるかも知れませんが、そのぐらいに考えた方が良いと思っています。

四年生ぐらいから、女の子たちは授業中に手紙回しをするようになります。そういうことがしたくてたまらなくなります。ちょっとしたノートの切れ端にメモして回すこともあります。そういうものを見つけたときは、どうしますか？　取り上げて大勢の前で叱りとばしますか。そんな行為が良いことでないことは、子どもだって百も承知です。

それでも、大勢の前で叱られると、心が受け入れられないものなのです。

僕は若い頃、その辺の気持ちが分からなくて、よく失敗してしまいました。手紙を取り上げても良いのですが、叱らずにさりげなく取り上げるだけでも良いのではないでしょうか。

「分かってるよね。」

という暗黙のメッセージを伝えるだけでも、その後の抑止にはなります。このノンバーバル（言葉を使わない表現）な伝え方は、五年生女子にとってはかなり大きなアプローチだと思っています。ストレートにその場の感情で対応しないというのは、特に思春期の女子には必要な事なのです。

後で呼んでじっくりと話せば、恥をかかせていなければ、案外素直に聞きます。話をちゃんと聞いているからといって、次に絶対にしないかというと、そんな甘いものではありません。しかし、そんなときでも、同じことを繰り返すことです。

子どもが聞き入れたはずのことと違う言動をしたら、裏切られたかのように感じる教師もおりますが、そういうとらえ方はしないことです。同じことをしながら、心の中では「先生に悪いな。良いのかなあ、こんなことしていて」という葛藤が必ずあります。そこを信じられなければ、教育などできません。

子どもの心の奥底を信じて、大人としての対応をしていくことがだいじです。女性ではあっても、まだ大人に成りきっているわけではないのですから。

Ⅵ 保護者と五年生との関係を考える

保護者も悩みに悩む。
それが思春期だ。
教師も保護者も一緒に考え合うのが一番。

1 「反抗期ですか？」と悩む

保護者と五年生との関係に目を向けましょう。そこをしっかりと認識しておかないと、子どもへの教育はできないからです。高学年に入って悩むのは教師だけではありません。保護者も、これまでとは全く違った子ども達の姿に悩みます。保護者の悩みを理解し、保護者と共に歩むためのアプローチをすることで、間違いなく教育の成果は変わるのです。

まずは、五年生くらいからよく保護者に尋ねられること、

「うちの子は、反抗期でしょうか？」

ということについて考えましょう。

「反抗期」という言葉の定義は曖昧で、そういう時期は発達心理学的には存在しないという考え方もあります。現場で実践している人間としては、子ども達がやたらと大人の言う事に反抗してきたら、「その子の反抗期」だととらえれば良いのではないでしょうか。

保護者にたずねられたら、

「きっとそうだと思います。」

「そうかも知れませんね。」

というような曖昧な答えではなく、子どもの事実に基づいて話をしましょう。

「おうちで、どういうことから、そうお感じになりますか?」

とたずね、学校での様子も実例で示して、そういうことに対してどういう対応をするかを一緒に考えていけば良いのです。


だいたい、思春期は自立しようとする時期です。当然その妨げである大人に対して、反抗したり反発したりするのは、当たり前のことなのです。

保護者という存在は子どもにとって特に自立するための最大の障害なのですから、反抗するのは当たり前です。つまり、反抗はノーマルな発達の一つだということです。

反抗期のなかった子どもは、どうなるのでしょうか。反抗のエネルギーがないのでしょうか?もしそうなら、人間のエネルギーとして心配になります。

また、反抗のエネルギーを心の中にしまい込んだとしたら、将来怖い形で爆発することもあるかも知れません。

保護者の方は現実にわが子に反抗されると、冷静にはなれません。そういうことを踏まえて保護者と話し合っていくべきでしょうね。

2　かわいい子から違う存在へ

教師にも同じようなところがありますが、親は子どもをいつまでもかわいい存在にしておきたいところがあります。

でも、あどけない幼少期には決してもどらないのです。胸がふくらみ、髭が生え始めた子ども達は、もうかわいい頃とは全く違った存在になってきているのです。

そこが理解できずに、いつまでもかわいがって育てたいという欲望にそって教育している親が、（特にお母さんに多いのですが）いらっしゃいます。

お気持ちは分かるのですが、それは子ども達にとっては現在も苦しいことであるし、将来的にもマイナスにしかならないのです。

「もう、昔の○○ちゃんではないのですよ。」

と、話してあげることも、教師の仕事の一つかも知れません。

僕の知っているお母さんは、

「一生、この子の面倒を見ます。」

とおっしゃいました。怖いですね。

3　異性の親への嫌悪

思春期になってくると、男子は母親を避け、女子は父親を嫌悪するようになってきます。特に女の子にその傾向は顕著です。娘と仲良しだとずっと思っていたお父さんが愛娘の態度の急変についていけず、ショックを受けるのは、この頃です。

これは、嫌っているというのとはちょっと違っているのです。第二次性徴によって、男性女性を強く意識するようになってくるのですから、当然、異性に対する目が厳しくなったり、不潔に感じたりするものなのです。

お父さんを女の子が不潔に見るのは、清潔にしないからです。家庭で変に油断しているからです。僕は、娘の目の前でパンツ一丁になったりしたことがありません。いつも、こぎれいにちゃんとしていました。だから、あんまり嫌われなかったと思います。（本当のところは、娘の心の内ですが……）

お母さんだって、男の子の前での態度や服装は気を付けないと、ものすごく嫌悪感を持たれてしまいます。「わが母は聖母なりき」というような感覚が思春期にはあるのです。息子の前でおしりをかいたり下品な言葉を使ったりしないことは大事なことなんですね。

特に異性の子どもの清潔感というものは意識してほしいものです。

思春期の子ども達は潔癖な子ども達が多いということを頭において保護者も子どもとつきあいましょうと、話してあげましょう。

ただ、思春期で大人みたいになってきても、まだまだ自立できるほどの力をもっているわけではありません。保護者からすれば、不安に思うのは当然です。その気持ちをくんで話すように教師は心がけたいものです。

4　力で抑えられなくなる

低学年のときは、親は子どもをパワーで圧倒できていました。体罰であったり言葉の暴力であったり、かなり理不尽なことでも子ども達は黙って従うしかなかったのです。それが中学年から徐々にパワーアップしてきて、親に反抗してくる子どもも出てきます。それでもまだ、中学年まではなんとかパワーで抑えつけられたことでしょう。

それが五年生くらいからは、だんだんと子どもとの力関係が逆転してきます。親は恐怖すら感じるようになりますが、それは五年生くらいだとまだまだそこまではいきません。

だからこそ、五年生くらいからは特に、パワーで対抗するのではなくて、対話していくという姿勢を示すべきだと、僕は考えています。もう少し年齢が進むと、この対話すら拒否されてしまいます。その前に、対話をして解決しようという方法を示すのです。

対話とは話し合って、お互いにとってプラスになる道を模索するということです。それを繰り返していれば、完全にパワーの逆転が起こったときに、対話という方法をとろうという発想もできてくるということです。

Ⅶ 荒れ出したときの授業の改善

荒れてしまったら、復活は無理。
無理したら、教師も子どももぼろぼろになる。

1　スキルでは対応できないと知れ

高学年で荒れた学級をたくさん見てきました。いわゆる学級崩壊をした学級です。そういう先生たちの相談にのったときにいつも思うことは、最後（年度末）まで教壇にその先生を立たせ続けさせたいということです。学級崩壊なんてどこでもどんな先生でも起こり得る時代ですから、年度末までなんとか教壇に立ち続けて指導要録を書くことまでできたら、一仕事完了だと思うのです。

ともかく、何かの本を読んでその通りにしたら学級が立ち直る等ということは、絶対にありません。人は、自分の能力の範囲のことしかできないのです。何かのスキルで成功したという方は、そのスキルが自分にとってぴたりと合っていたということなのです。

その次は、授業の改善です。改善などと言うと、授業のレベルを上げることのように聞こえますが、そうではありません。

授業の質を上げることなど、荒れてからは無理なことです。無理をしたら、自分がさらにつぶれていくことになりかねません。逆です。授業の質を落とすのです。

それなら、だれにでもできますよね。ある意味、「がんばろうとしない」ことなのです。

その方が最後まで続けられるというのは、おかしなことでしょうか。

2　テンポよく

荒れだしたら、元にもどすのは、至難の業です。

まず、荒れていても授業はしていかなくてはならないのだから、授業を改善することを考えましょう。

小学校は、何度も言いますが、年間千時間の授業があります。

その間、荒れた子ども達とやっていかなければならないのです。それなら、なんらかの工夫をしなければ、教師自身が持ちこたえられません。

基本の考え方は、子どもを暇にさせないということです。

まずは、テンポのある授業にしましょう。

だいたい、子どもとうまくいかない授業は、テンポが悪いのです。変に間延びしたり、滞ったりしています。

間をとることは大切なことなんです。

もちろん、じっくりと考えさせる授業が良いに決まっています。

しかし、崩れかかっている子ども達には、テンポはもっと必要なことだと思います。

だって、じっくりと考えることのできない状態になっているのですからね。

テンポをあげると、授業についていきにくい子ども達が出てきます。心ある教師はそこで苦しみますが、では、教室を荒れさせた教師ががんばったら、その子たちにもよく分かるようなすてきな授業ができるのですか？

絶対にできません。だから、子ども達が荒れてしまったのですよ。

テンポよくどんどん進めてしまうと、よけいなことをしている時間が減ります。すると、授業が成立しているように見えます。

退屈な授業を聞いていられなくて暴れるのなら、どんどん進めて退屈する暇を与えない方が良いでしょう。

どんどん教師の予定通りに、進めていくのです。無茶な考えのように思われるかも知れませんが、荒れているクラスを前提とした話です、あくまで。

3　楽しさの保障

楽しさ・面白さというのは、いろいろとあって良いのです。

大事なのは、そのためにいろいろな準備をして授業に臨むということです。子ども達との関係をどう修復するかと悩むよりも、いかにしておもしろい授業にするかということに力をそそぐことです。

水を入れたコップの中に土を入れると、濁りますよね。でも、しばらくそっとしておくと、沈殿して透き通ってきます。それをもう一度手に取ろうとすると、振動でコップの中の水は再び濁ります。

人間関係も同じようなもので、一度うまくいかなくなったら、そっとしておくしかないのです。だから、悩む時間があれば、楽しい授業づくりに専念すれば良い。

子どもは切り替えが速いから、「楽しいな、おもしろそうだな」と思ったら、のってきます。そうすれば、崩壊していても授業が成立します。

絵本を読むと、よほどのことでもない限り、その間は先生の話を聞いています。子どもにミートする絵本をいつも用意していれば、その読み聞かせをする数分間だけは、子ども達は黙って聞いてくれます。普段は全く自分の声を聞いてくれない子ども達が、数分間でも聞いている状態があるということは、教師の心の安定の上でも良いことですよね。

漢字の学習は、漢字のビンゴとか画数のゲームなど、ゲーム感覚でできるものを入れると、そういうことだけは高学年の子ども達ものってきます。

こういうものは、ネタで良いのです。おもしろい学習のネタがたくさん本になっていますから、そこから取り入れてすれば良いでしょう。

次ページにそういう本をいくつか紹介しておきます。ネタばかりに傾倒することは、肝心なことを見失うおそれもあります。さらに、ネタはしょせんネタであって、子どもが自ら考えていくような学びにはなり得ません。

しかし、荒れてしまったら、緊急避難という感覚でネタを使ってみるのが良いと思います。

参考文献

『42の出題パターンで楽しむ痛快社会科クイズ608』
蔵満逸司・中村健一著
『めっちゃ楽しく学べる算数のネタ73』
中村健一編著
『教室で家庭でめっちゃ楽しく学べる国語のネタ63』
多賀一郎・中村健一著
『子どもの実感を引き出す授業の鉄板ネタ54』
中條佳記著
（以上、黎明書房）
『みみなぞ　理解力・集中力を育てる聴くパズル』
高濱正伸・平須賀信洋・田中文久著
（草思社）

4　活動を中心に（アクティブ・ラーニング）

子どもが話を聞いてくれないのだったら、話さなくても授業の大半が進むような工夫をするべきですね。

そのためには、協同学習のような子ども達だけでできる活動を授業に入れることが良いでしょう。

音読も活動ですが、五分間全員で音読していたら、その間は私語もやりにくいし、がさがさもしにくいものです。

そして、ワークシートを使った一人学習を授業の主体にしていけば、それをしなければならないから、その間は、けっこう静かに学習しています。

つまり、子ども達に活動させれば、その間は荒れた時間ではなくなるということです。

崩壊学級でも授業が成立するということです。

そういうふうに、授業を工夫していけば良いのです。

関係修復よりも、僕は、授業の改善を大切にすべきだと思っています。

Ⅷ 最後まで教室に立ち続けるために

教師が辛くなることを減らしていくこと。
今の時代、指導要録を書くところまでやり切ったら、
合格点。

1　ハードルをぐんと下げる

荒れても教室でがんばり続けるために、ありとあらゆる手立てを打ちます。ともかくハードルを低く低く設定し直して、現状維持をなんとか保つという発想に転換しなければなりません。

学級が崩壊したクラスに後から入った先生たちに僕がするアドバイスは、

「立て直そうなどということは、考えない方が良いですよ。なんとか現状維持できたら、あなたの役割は果たせています。決してハードルを上げてはいけません。」

ということです。

学級崩壊立て直しを専門にする特別なスーパー教師がいらっしゃるようですが、僕ははっきり言ってそんなことはできません。

一度壊れたクラスに途中から入って立て直すなどということは、不可能にしか思えません。よほどの教育技術がないと無理でしょうね。

従って、一度荒れてしまったら、なんとか立て直そうとするよりも、いかにしてそのまま最後まで乗り切っていくかを考えるべきです。これ以上荒れがひどくなっていかないように、どうすれば良いかを考えていくのです。

自分の理想とする子どもの姿に修正しようなどとがんばれば、ますますひどくなっていくものです。

急流にのみこまれたとき、流れに逆らえば、かなりの泳力のある人でも溺れてしまいます。

荒れさせないために必死で予防策をはって学級をつくっていくから壊れないのであって、壊れた教室に入ってふつうの教師が立て直せるはずがないのです。

僕は基本的に、そう思っています。

2　子どもと個別につながる手立てを持つ

子ども達との一対一の関係をつくる手立てを考える必要があります。日記でも振り返りジャーナルでもなんでも良いのです。それによって学級が良くなることはありませんが、何人かの子どもの「自分はこの状態は嫌だ」というような思いは、受け止めることができます。

学級の荒れた状態を良いと思っている子どもはいませんが、

「まあ、いいか。」

ぐらいのとらえ方の子どもはたくさんいます。その中にいて、その荒れがとてもイヤな子どもは少数かも知れませんが、必ずいるものなのです。

また、荒れた中でつらいことがあって苦しんでいる子どもがいるかも知れません。そんな子どもの思いも、出てくるかも知れませんね。

そういう子ども達のためにがんばって学校へ行こうと思うことで、教師のモチベーションが高まることもあるのです。

教師は、大勢に支持されなくても、一人や二人の子どものために（おかげで）がんばれるものなのです。

3　毎日、放課後に掃除する

当たり前のことが教室でできているのかと見つめ直しましょう。

教室はきれいかどうか。

僕は教室が荒れてしんどくなった若手に必ず言います。

「教室をきれいに掃除しなさい。」

とね。

荒れたらきれいな教室は保てません。子ども達が汚します。教室が美しく維持されるなら、荒れてはいないのですから。

毎日、子ども達が帰った後、教室をきれいにするのです。三十分もあれば、できるでしょう。一生懸命にきれいにするのです。そういうことをしていると、自分の心根がきれいになります。

そして、次の日学校にきた子ども達は、教室がきれいなことに気づきます。きっとまた汚すでしょう。でも、また先生がきれいにします。いたちごっこではありません。子どもの心の中に何かを灯そうとする大切な仕事なのです。そういう気持ちで掃除をしていると、教師自身のモチベーションがあがります。

僕の知っているクラスでは、先生が放課後に掃除しているのを知った女の子が数人、手伝ってくれるようになったそうです。そんなことを期待していたわけではありませんが、荒れた中で、心がほっとする出来事ですね。

4　掲示物を見直す

教室が荒れたクラスを見ると、掲示物がおざなりになっています。先生に余裕がなくなっていることもあるのでしょうが、だいたい荒れるクラスでは、掲示物はいい加減です。

◆学期の初めに書いた「班の目標」が2カ月経っても貼ってある

学期初めに班ごとにポスターをつくって貼りだすというのは、何が目的なのかよく分かりませんが、けっこう各地のクラスで行われています。

それは、いつまで教室に掲示しておくのでしょうか。

教室の掲示物には、消費期限があるということを分かっていない方は、ずうっと貼っています。

◆子どもの作文を掲示しているが、何カ月も前のものである

これは消費期限というよりも、賞味期限の話ですね。教室に掲示する作文なんて、2週間も経てば誰も読まなくなります。それが賞味期限切れということです。そんなものを貼っていることに何の意味もありません。

子どもの作品の掲示は、子どもの意欲を喚起したり、子どもを励ましたり、次の作品へのポイントを示すものでなければなりません。

◆季節感が全く感じられない

四季折々、季節によって掲示物は変化させるべきです。そうすることによって、教室に文化が生まれます。

荒れかかっているクラスを参観してアドバイスを求められたとき、

「あなたらしさを出した掲示物を工夫しなさい。明るい感じが良いです。」

と言いました。

二カ月後に訪れたら、教室の中は完全にクリスマスモードでした。明るい雰囲気になり、先生の表情にも笑顔がもどっていました。

教室掲示でクラスのムードは変わります。

◆子どものマイナス点が掲示されている

子どものマイナス点を指摘したものや、宿題忘れのチェック表等子どもの悪口に当たるものを掲示しているのは良くありません。そこからマイナスのオーラが出ます。オカルト的な話をしているのではありません。

家に帰ったときに、自分が朝食の後片付けをしていなかったことが、壁にチェックして掲示されていたら、良い気分になれますか。仕事でいやなことがあって帰ってきてそれを見たら、どう思いますか？　しかも、それがずうっと掲示されたままになるんですよ。
マイナスのオーラというものはあるのです。子どものマイナス点を掲示しておくと、そこから教室全体へよくない風を送っているようなものだと、僕は考えています。

◆今、何を学習しているかが、掲示物からは読み取れない

国語の授業の板書が模造紙で残されて壁面に並んでいたり、算数の今習っている単元の考え方が分かりやすく掲示されていたりすると、学習するムードのある教室になります。

先生ががんばって掲示物を工夫することも大事だし、係をつくってその子たちに掲示物を任せることができたら、もっと良いと思います。右にあげた掲示の仕方を全てできなくても、ほんの少し工夫しただけで、教室の空気も変わるものです。

5　聞いてもらえなくても成立する授業の工夫を

荒れるということは、子ども達が先生の話を聞かなくなるということです。そうなったら、教師は一生懸命に子ども達に自分の言葉を聞かそうとします。それは無駄な努力です。いろんなことを積み重ねた結果、聞かなくなっているのですから、もうどうにもなりません。だから、話を聞かなくてもできる授業を工夫するべきなのです。

荒れ出したクラスの担任にアドバイスを求められたら、僕は、

「ワークシートを使いなさい。」

と言います。そして、一緒にいろいろな教科のワークシートをつくります。そのワークシートは、子ども達が自主的に考えるようなレベルのものではありません。そんなものを渡してもちゃんとしないのに決まっています、荒れているのだから。

ワークシートには、一斉授業でする発問をきちんと書きます。読みさえすれば、何をしたら良いかがはっきりと分かるシートなのです。

それなら、先生は発問しなくてすみます。

Ⅸ

「五年生十一月」への予防ポイント

荒れたら元にもどらない。
だから、荒れないために徹底した予防策を講じる。

1　九月のリスタートがポイント

九月はリスタートだとよく言っています。リスタートするときに大切なことは、一学期の振り返りと、一学期のことをどれだけ捨てられるかということです。

一学期の振り返りをしっかりとしないと、二学期のスタートラインに立つことができません。

これから力を入れていかないといけないところはどんなところか。

ポイントとすべきはどの子どもか。

取り組んできたことの成果はどうだったのか。

そうした振り返りの上に立ってのリスタートです。振り返ってそのための手立てを用意して

九月に臨みます。

そして、一学期にうまくいかなかったことを、どれだけ捨て去ることができるかです。いわゆる「断捨離」をするということです。一度決めてスタートしたことであっても、やり直せるただ一度の機会が二学期のリスタートだと心得ましょう。

リスタートするときに、子ども達が一学期の延長上にはいないことがあります。どういうことかというと、夏休みの間に家庭環境が変化して（両親の離婚・別居、家族の不幸など）子どもを取り巻く状況が大きく変わっていることがあるということです。当然、その子どもの気持ちにも変化が生じているでしょう。そこを読んでおかないと、痛い目に遭うことも時にはあります。

一学期と同じように子どもに声かけしたら子どもが反発して、そこから学級のリズムが狂ってしまった実例もあります。

二十年くらい前までは、このようなことはそれほど意識する必要がありませんでした。ところが、最近いろいろな学校を回っていて、九月のリスタートの失敗で学級が荒れたという話をよく聞くようになりました。

それだけ、家庭の教育力が下がっているのだと思います。

どういうことかというと、夏休みのような長期休暇に入って子ども達がお家で過ごすようになると、その間に崩れてしまう子どもがたくさんいるということなのです。

昔はお家に全面的にお任せしておけば、それなりに子ども達はたくましくなって学校へもどってきていました。

従って、二学期のリスタート時の子ども達の様子をしっかりと見つめ直さなければいけません。一学期の続きで二学期をスタートしないように。

子どものことは「分かっているつもり」が一番怖いことを肝に銘じておきましょう。

2 行事の乗り越え方がポイント

二学期には主な行事が集中します。行事のある度に、先生方は力を入れます。大切なことです。行事で手抜きをしているようでは、子ども達を成長させることはできません。

ただ、力を入れすぎて、子どもとの距離感が分からなくなったり、いろいろな細かい物が見えなくなったりすることがありますから、気を付けましょう。

行事毎の子どものモチベーションをしっかり考えましょう。

「さあ、運動会だ!」

「さあ、学習発表会だぞ。がんばろう。」

と言われたからといって、子ども達全員が同じ方向を向けるわけでもありません。行事は学級をチームにまとめるための良い機会でもあります。何かをみんなでやっていこうとするときに白ける人間は社会に出てからも苦労することになります。ですから、クラス一丸となって何かに向かうことは大事です。その流れに子ども達をのせてあげることも必要だと思います。

問題は、その「何か(向かう先=目標)」の立て方なのです。その目標に、子ども達の思いはどれだけ入っているのでしょうか。先生からのおしつけ目標になっていないでしょうか。

子ども達が納得して向かえるような目標を立てることで、行事の意味が変わってきます。

できれば、二種類の目標を立てられると良いですね、運動会で「学年競技に勝つ」と「支え合う力」というような少し趣の違うものを立てるというように。

それこそ、学級で子ども達と話し合って目標を決めれば良いのです。自分たちで決めたという思いは、子ども達の大きなモチベーションになるものです。

それから、心に置いて欲しいのは、そういう「ノリ」についていけない性格（というか、体質）の子どもが存在しているということです。みんなが向かう目標に乗り切れなくて苦しむ子どももいます。その子たちの思いを拾い上げながらも前に進んでいくクラスこそが、本物のクラスなのだと思うのです。

3 十一月以後のモチベーションがポイント

大きな行事が終わって、ちょっとほっとする時間は必要です。でも、いつまでもそれに浸ってはいられません。子ども達は常に動き、成長し続けるものなのです。

ここからの目標設定をし直す必要があります。運動会などの大きな行事の後は、特に喪失感を持ちやすいので、さらなる前向きの目標です。

「のんびりさせてあげた方がいいのでは……。」

という意見もあるでしょう。崩れかけても、いつでも立て直せる自信のある方はそれでも良いのです。

この章は荒れの予防ポイントをまとめているので、予防のための手立てとして、新たな目標設定をオススメします。

五年生という時期でもあるし、秋も深まってくるので、それにふさわしい目標が良いでしょう。

例えば秋も深まってくるので、それにぴったりの

「読書千ページ読破」

とか、

「物語十冊、読み切り」

とかいうのは、どうでしょうか。

僕は読書貯金通帳を渡して、子ども達の読んだ量を記録していきました。このやり方を用いると、子ども達は雨の日の昼休みやちょっとしたすき間の時間などに読書していました。

これは教師主導で子ども達と相談しながらつくれば良いのです。

授業とタイアップして、俳句活動をしたり、作家の時間（ライティング・ワークショップ）など、文芸的な目標を持ち込むのが良いと思っています。

4 日常の基礎基本行動がポイント

行事の練習などがあると、ムードがどこかばたばたしています。勉強も進めにくいし、移動が多くて時間もいい加減になります。先生もついつい日常の生活についてはゆるくなってしまう傾向があります。

実は、これが十一月に荒れる最大の原因です。

行事があっても、日常の基礎基本的な行動をいかにふだん通りの当たり前にできるかで、その後の生活が決定してしまいます。

「子ども達も忙しくてばたばたしているから、今日の掃除はさらっとすませるようにしてあげよう。」

という親心を出して、掃除がいい加減になることがあります。

一番崩れやすいのは、時間を守るというときです。練習を長引かせてしまって次の授業時間にまでくいこんでしまうときが出てきます。そうすると、子どもの休み時間もカットしてしまいます。どんなときでも遊びたいのが子どもです。ストレスはたまる一方でしょう。

そして、授業時間というものを、教師が守らなくなってしまうのです。

生活習慣を崩しておいて、行事が終わった途端に、

「ちゃんとしろ！」

と叫んでも、いい加減さに慣れてしまった子ども達はそんな簡単にもどることができないでしょう。

「忙しい」とは、「心（立心偏）」を「亡くす」ことなのですが、忙しい時期だからこそ、子ども達の生活習慣はきちんと淡々と指導していかねばならないと思います。


小学校では、行事の練習のときによく子どもを怒鳴りつけます。僕もそうでしたから、高所に立って偉そうなことを言うつもりは全くありません。でも、怒鳴るという行為は、攻撃の一種だということを忘れないようにしたいものです。

日々、攻撃にさらされる子ども達の心が、伸びやかに育つことができるのでしょうか。

怒鳴ってしまったら、後でフォローを入れたり、うまくガス抜きして気分転換をはかったりすることを考えましょう。


一カ月あまりの間に少しずついい加減になった生活習慣を、行事が終わったとたんにきちんとできるものではありません。

「行事が終わった。今日からは、生活をきちんとしていくぞ。」

と、先生が力を入れたからといって、子ども達の方はそう簡単には切り替えられないものです。

しかも、練習の過程で怒鳴られたり叱られたり、プレッシャーをかけられたりして、心にはストレスがかかっている状態なのです。

五年生にもなって、

「はい、分かりました。今日からは生活態度をきちんともどします。」

などと考えてくれるでしょうか。

無理でしょうね。だからこそ、行事期間の生活習慣と授業を当たり前にしていくということが大切なのだと思っています。

X　荒れる子どもの思いを読み解く

子どもだって
苦しいんだぞ。
少しは分かってあげないと。

◆荒れチェック		集合ができない	
教師の指示が通らない		反発・反抗する	
授業中に手紙を回す		授業妨害	
掃除機具の破損が多い		学校のルールを破る	
教室の備品を壊す		授業をボイコットする	
教室が汚れている		***学習意欲がない***	
遅刻が多い		***発言者に冷ややか***	
授業中に読書		***発言がほとんどない***	

荒れるとき、子ども達はどんな想いを持っているのでしょうか。

それを考える前に、荒れをチェックするための表を前ページに示します。

これらのことが全て当てはまったら、完全な「学級崩壊」だと言えますが、「授業をボイコットする」ようなことがあれば、当てはまる項目が一つでも崩壊だと言えるでしょう。

だいたい二つ三つあれば、また、それが続いているとすれば、荒れに近づいていると考えて良いでしょう。

また、最後の三つの項目（斜字）は、いわゆる「静かな荒れ」につながる項目です。

静かな荒れとは、暴れたり立ち歩いたりふざけ回ったりざわざわと騒がしかったりするわけではないけれど、教師の指示は通らなくて、学級としてのまとまりもない状態のことです。

表だっては目立たないので問題視されにくいのですが、そのような中で育った子ども達って、どうなるのでしょうか。逆に怖さを感じてしまいます。

1　大人不信

大人に対する不信が荒れを決定的にします。少なくとも、この先生の言うことだけは聞くという大人がいなければ、荒れは止まりません。

昔、自分のクラスではありませんでしたが、隣のクラスで、（教科担任制なので）授業をしにいっていたときのことです。

五年生の一人の子どもで、たまに差別的なことを言われたらぶち切れてしまう子どもがいたんです。

ある日、その子のお母さんが話をしたいとやってこられて、

「先生、うちのやつは、（『やつ』って言うんですよ、息子のことをお母さんが先生に）先生には一目置いてますから、よろしく。」

って、おっしゃったんです。

確かに彼は、何かあっても、僕が話すときちんと聞いてくれました。信頼してくれていたんですね。今、立派な芸術家になっています。

こういう自慢話みたいなことを書くのはどうかと思うのですが、ある程度子ども達からの信頼がないと、長くはやっていけなかったと思っています。

それはさておき、崩壊したクラスにどんな先生が入っても、また崩壊を繰り返します。それは、根本的に、大人に対する不信ができてしまったからなのです。教師なんて、矛盾したことをいっぱいしている存在です。否定的に見られるようになったら、人間として信頼できなくなったら、悪いところを探すようになるでしょう。

荒れた子ども達のことに対して、

「大人をなめている。」

という言い方を教師はしますが、大人を信じなくなっていると言った方が正しいと思います。

学級が荒れると、いろいろな先生が教室に入ってくることになります。場合によっては、保護者が授業を参観することもあります。

その教室に入った大人達が、子どもの荒れを制しようとするあまり、厳しい眼で子ども達を見ます。そうすると、子どもの側からすれば、自分たちを信じない大人達が見張っているという感じにもなりかねません。

2　他人への思いの欠如

荒れた行為というのは、他人に嫌な思いを与えます。一度荒れてしまうと、その嫌な思いをさせているという配慮が、全くできなくなってしまうのです。

そうなると、やりたい放題になっていきますね。考えられなくなっているのです。テンションが上がりすぎていて、冷静には考えられないんですね。

人への思いやりの大切さを低学年から教え続けてきたはずなのに、荒れ始めた五年生ぐらいの子ども達には、それが全くなくなったかのように見えます。

失敗を笑ったり、人の欠点を嘲笑したりします。思いやりなんてどこかへ行ってしまったように思えます。

でも、これは多くの子ども達の本音ではありません。子ども達の多くは、それではいけないという葛藤を心の中でしているものなのです。

その葛藤を信じないで、教育などできるものではありません。

3　荒れの連鎖

荒れている子ども達を見ていたら、とても楽しそうに見えます。自分たちもやってみたい、やったらすっきりするかも知れない、そんな思いを持ってしまいます。

崩壊クラスの子ども達がトイレのドアをガンガン蹴っ飛ばして遊んでいました。それを見ていた子ども達が何人か、同じように真似をしてトイレのドアを蹴っていました。

担任の先生が注意すると、

「だって、おもしろそうだったから、やってみたかったんだもん。」

と言いました。

子どもの発想なんて、そんなものです。

このようにして、荒れが連鎖していくことがあるのです。最初はちょっとした出来心でやってみて、だんだんとずるずるその世界にはまり込んでいくのです。

まるで麻薬みたいですね。

やってはいけないことだからこそ、やってみたいという気持ちそのものは、おかしな気持ちではありません。

4　ピア・プレッシャー（同調圧力）

Ⅱ章でも述べましたが、ピア・プレッシャーを今の子ども達は強く受けています。この苦しさは、半端ではありません。

お母さんや先生から、いくら

「自分の信じることに従って生きなさい。」

と言われても、実際、自分だけ

「そんなことはおかしい。」

なんて言ったら、後でみんなから何をされるか分からないのです。

しかも、そうなっても、荒れている子ども達をコントロールできない教師に守ってもらえるはずがありません。

だから、悩みながら、苦しみながら、一緒に荒れていく……。そんな子ども達もいるのだということは、知っておきましょう。

大人にだって存在するピア・プレッシャーです。子ども達ならばなおのこと、自分の意志とは違うことに流されてしまうものなのです。

ピア・プレッシャーにあえぐ子ども達には、一人ひとりの思いを受け止めてあげなければ、まじめに考えたい子どもほど苦しみが増すことになります。

正しいことを教えるだけが教育ではないのです。ピア・プレッシャーにあえぐ子どもをそのまま

「いいんだよ。」

と、認めてあげることも必要なのです。

そして、全体としては、ピア・プレッシャーをピア・サポートに変えられることができたら本当は一番良いのですが、なかなかそうはいきません。

5　赤信号、みんなで渡れば怖くない

これもⅡ章で少し触れましたが、崩壊学級の子ども達の多くの考え方は、こういう考え方なのです。

荒れたクラスの子ども一人ひとりと個別に話したら、それほど問題は感じないのに、学級集団になると変わってしまいます。

大勢ですることによって、自分の責任が軽く感じられることもあるでしょう。

人間にはもともと、赤信号で渡ってみたいという願望があります。それを大人は良識や躾によって制御して、暮らしているのです。

そんなときに、

「みんなで渡れば怖くなんかないよ。」

と言われたら、つい渡ってしまうなんてこともあります。

また、自分たちだけ真面目にやっていたら、なんだか損してるみたいだとも、思うでしょう。

もう一度繰り返し言いますが、悪いことには魅力があることを知っておきましょう。

おわりに

堀裕嗣さんとの共著『学級づくりの深層』を書き上げたとき、その原稿を読んだ黎明書房の武馬さんから

「多賀先生、堀さんとの本で言っておられた『五年生の十一月が荒れる』ことをテーマに、一冊書いてくださいませんか。」

と依頼されたのが、本書の始まりでした。

よく考えてみたら、僕が学級づくりや学級経営関係の単著を出すのは、初めてでした。ですから、スムースに筆は進み、依頼から二週間ほどで書き上げることができました。

でき上がってみると、五年生の十一月に焦点を当てながらも、五年生だけには留まりませんでした。六年生も含めた高学年対応の本でもあり、低学年からの危険月の乗り越え方の手立てであった

り、荒れた学級への対処法であったりと、さまざまな内容を含んだ本になりました。

つまり、これまで僕が培ってきた「荒れ」に対するときの手立てや予防法などが、五年生に限らず、この一冊の中に全て入って、僕の荒れに対する考え方のほとんどが入ってしまいました。

僕の今している仕事は、現場の先生方を支え励まし、悩みにつきあって教師を続けていく力をつけさせることです。

今の小学校現場は本当に大変です。厳しくなりました。

子ども達は簡単に言うことを聞いてくれません。

「先生の言うことをしっかりと聞いてきなさい。」

と、送り出して下さる保護者もめっきり少なくなりました。

なのに、体罰はもちろんのこと、厳しい叱責ですら保護者からクレームがきます。モンスターペアラントもいます。

調査やアンケートが多くて、そのことに時間をとられるにもかかわらず、授業にはどんどん新しい概念が入ってきています。英語科の導入に、道徳の教科化。増えることばかりで何も減りません。必要なことではありますが、「インクルーシブ教育」もこれに加わってきます。一人の教師が背負うには、あまりにも課題が多すぎるように思います。

「今の先生方は大変だなあ」と、いつも思っています。

僕は担任も持っていないし、授業もときどきしかしない無責任な立場の人間です。好き勝手に学級づくりの話をしてはいますが、自分が教壇に立ったらうまくいくかどうか、全く分からなくなりました。

それでも、現場の先生方と語り合いながら、必要なこと、役に立てることを考えていきたいと思っています。

『五年生十一月……』は、その象徴の一つです。

僕は多くの現場に立ち会い、多くの先生方の悩みを聞いてきました。この本は、そういう多くの現場の先生方の悩みの中から生まれてきたものだと思っています。

改めてそのことを思い出させてくれる機会をつくって下さった、黎明書房の武馬さんに感謝いたします。

二〇一六年
三代目ＪＳＢの「Ｒ．Ｙ．Ｕ．Ｓ．Ｅ．Ｉ．」を聴きながら
追手門学院小学校　多賀一郎

著者紹介

多賀一郎

神戸大学附属住吉小学校を経て，私立小学校に永年勤務。現在，追手門学院小学校講師。元日本私立小学校連合会国語部全国委員長。元西日本私立小学校連合会国語部代表委員。

若い先生を育てる活動に尽力。公私立の小学校・幼稚園などで講座・講演などを行ったり，親塾や「本の会」など，保護者教育にも，力を入れている。

ホームページ：「多賀マークの教室日記」 http://www.taga.169.com/

著書：『子どもの心をゆさぶる多賀一郎の国語の授業の作り方』『全員を聞く子どもにする教室の作り方』『今どきの子どもはこう受け止めるんやで！』『一冊の本が学級を変える』『教室からの声を聞け』(共著)『今どきの１年生まるごと引き受けます』『国語科授業づくりの深層』（共著）『学級づくりの深層』（共著）『教師のための力量形成の深層』（共著）（以上，黎明書房）

『ヒドゥンカリキュラム入門』『これであなたもマイスター！　国語発問づくり10のルール』『学級担任のための「伝わる」話し方』『国語教師力を鍛える』（以上，明治図書）

『学校と一緒に安心して子どもを育てる本』（小学館）

多賀一郎《たがいちろう》の荒《あ》れない教室《きょうしつ》の作《つく》り方《かた》

2016年6月10日　初版発行

著　者　多《た》　賀《が》　一《いち》　郎《ろう》
発行者　武　馬　久仁裕
印　刷　株式会社　太洋社
製　本　株式会社　太洋社

発行所　株式会社　黎《れい》　明《めい》　書《しょ》　房《ぼう》

〒460-0002　名古屋市中区丸の内3-6-27　EBSビル　☎052-962-3045
FAX052-951-9065　振替・00880-1-59001
〒101-0047　東京連絡所・千代田区内神田1-4-9　松苗ビル4階
☎03-3268-3470

落丁本・乱丁本はお取替えします。　ISBN978-4-654-01934-2